MEMOIRE
SUR
LA CARTE
DE
L'ANCIENNE PALESTINE
OU
DE LA TERRE SAINTE.

Par M. DE *L'ISLE, Astronome, Géographe de la Marine, ancien Professeur du Collége Royal, Doyen de l'Académie Royale des Sciences, &c.*

A PARIS,

Chez l'Auteur, dans l'Abbaye Royale des Chanoines Réguliers de Sainte Genevieve.

M. DCC. LXIII.

MEMOIRE SUR LA CARTE DE L'ANCIENNE PALESTINE OU *DE LA TERRE SAINTE.*

LA Carte de la Paleſtine, telle que je la publie, eſt un Ouvrage poſthume de Guillaume De l'Iſle mon frere. Je l'ai trouvée dans ſes recueils toute deſſinée de ſa main, & je n'en ſuis que l'Editeur. J'ai crû qu'un Ouvrage ſi important & ſi utile pour l'intelligence des Livres Saints, ſeroit reçu favorablement du Public, lequel a toujours marqué beaucoup d'empreſſement pour toutes les Cartes de mon frere. Je puis aſſurer qu'il avoit celle-ci très à cœur, qu'il l'a travaillée avec tout le ſoin & toute l'exactitude dont il étoit capable, & qu'il n'a épargné ni peines ni dépenſes pour avoir une parfaite connoiſſance de tous les lieux dont il y parle. Il a extrait & comparé tous les Ecrivains tant anciens que modernes qui ont traité de la Terre Sainte. Il a écrit à Seide & à Damas pour avoir des Relations circonſtanciées des lieux, & il n'a rien oublié pendant pluſieurs années de ce qui pouvoit contribuer à la perfection de ſon Ouvrage.

Cette Carte de la Paleſtine, comprend non-ſeulement la Terre Sainte avec toutes les Tribus des Hébreux, telles qu'elles étoient depuis Moyſe & Joſué, juſqu'à la fin des Royaumes de Juda & d'Iſraël, mais auſſi les nouvelles diviſions depuis le retour de la Captivité de Babylone, juſqu'à la priſe de Jeruſalem par les Romains ; & pour ne laiſſer rien à déſirer ſur un pays dont la connoiſſance eſt ſi néceſſaire, mon frere a ajouté dans cette Carte les noms modernes d'un très-grand nombre de Lieux.

Le Jourdain qui coule du Septentrion au Midi, & la Mer Morte dans laquelle il ſe jette, & qui s'étend auſſi du Septentrion au Midi, partageoient le pays des Hébreux en deux parties. Tout ce qui étoit en-deçà du Jourdain & de la Mer Morte, fut le partage de neuf Tribus & demi. La Tribu de Nephthali eut la partie Septentrionale entre les Sources du Jourdain & le Territoire des Sidoniens. Ce Territoire des Sidoniens eſt parfaitement bien décrit dans la Carte. La Tribu d'Aſer eut ſon partage entre Nephthali & le Territoire des Tyriens, lequel eſt auſſi repréſenté avec une clarté & une préciſion admirable. Zabulon habita au Midi des deux Tribus précédentes : Iſſachar au Midi de Zabulon : la demi-Tribu de Manaſſé au Midi d'Iſſachar, & le long du Jourdain juſqu'auprès de la Mer Morte : Ephraïm à l'Occident de Manaſſé juſqu'à la Mer Méditerranée : Benjamin au Midi d'Ephraïm : Juda au midi de Benjamin entre la Mer Morte & Dan : la Tribu de Dan entre Juda à l'Orient, & la partie Septentrionale du pays des Philiſtins à l'Occident : enfin Siméon entre le Torrent de Beſor, la Tribu de Juda & la partie Méridionale du pays des Philiſtins.

A l'égard du pays des Hébreux ſitué au-delà & à l'Orient du Jourdain, la partie Méridionale fut donnée par Moyſe à la Tribu de Ruben, Gad habita au-deſſus de Ruben, &

l'autre demi-Tribu de Manassé eut son partage au-dessus de Gad depuis le Jaboc, jusqu'au Mont Hermon, qui fait partie de l'Anti-Liban.

Telle est la premiere division générale de la Terre Sainte sous les Hébreux depuis Moyse & Josué : les autres divisions postérieures ne sont pas exprimées moins clairement dans la Carte de mon frere. On y voit en-deçà du Jourdain, la Haute & la Basse Galilée, la Samarie & la Judée, avec les diverses Toparchies ou Préfectures renfermées dans toute cette partie Occidentale de la Palestine : & au-delà du Jourdain, on y trouve la Trachonite, l'Auranite, la Batanée, la Decapole, la Haute & la Basse Gaulanite, & enfin la Perée, comprise entre le Jourdain, l'Arnon, & le Jaboc. Tous les Pays voisins de la Palestine y sont aussi détaillés de maniere à faire aisément connoître & remarquer ce qui est nécessaire pour l'intelligence des Lieux dont il est parlé dans les Livres Saints.

Telle est en général la Carte de la Palestine, que je publie. Il faudroit un Volume entier pour donner un détail exact & circonstancié de ce qu'elle comprend. On y voit de la maniere la plus sensible & la plus expressive, les Montagnes, les Vallées, les Lacs, les Rivieres, les Torrens, les Forêts, les Routes avec tous les Lieux dont il est parlé dans l'Ecriture & dans les Auteurs profanes. On y a fait remarquer par des Couronnes toutes les Villes qui avoient des Rois, quand Moyse & Josué en firent la conquête (*a*). La Palestine étant

(*a*) Le soin & l'attention de mon frere ne se sont pas bornés aux principaux endroits; ils se sont étendus même jusqu'aux plus petits lieux dont les Auteurs ont fait quelque mention particuliere : tels sont les Puits, les Citernes, les Cavernes, les Arbres, &c. On trouve, par exemple, le Genévrier d'Elie, *Juniperus Eliæ*, marqué près du puits d'Agar, *puteus videntis & fons*, Genes. XVI. 14, entre Cadès & Barad, selon la Vulgate. On n'a pas oublié le Térébinthe de la Vallée de Mambré, auprès duquel est la Caverne double, *Spelunca duplex*, où demeuroit Abraham, & où il reçut la visite des trois Anges, *Genes. XVIII.* 1. 4. Cet endroit a été long-tems remarquable par une Foire qui s'y tenoit, & qu'on nommoit la Foire du Térébinthe. M. l'Abbé de Choisy, *Hist. Eccléf. T. 1. pag. 206.* rapporte que sous l'Empereur Adrien, après la révolte de Barcoquébas, les Juifs furent vendus à cette Foire au même prix que les chevaux : il ajoute, d'après saint Jérôme, que l'opinion commune des gens du pays étoit alors que le Térébinthe, qui donnoit son nom à cette Foire, étoit aussi ancien que le Monde. Les curieux de l'Histoire Sainte auront ainsi la satisfaction de comparer dans de pareils détails, la Carte de mon frere avec leurs lectures.

un pays de Montagnes, mon frere s'eſt appliqué ſurtout à les bien décrire. Je vais ici en donner ſeulement un exemple; ce qui pourra faire juger des autres. On repreſente ordinairement le Mont-Carmel, comme une Montagne ſeule & iſolée, telles qu'il y en a pluſieurs dans la Paleſtine ; mais on ſe trompe. Le Carmel eſt une Chaîne ou ſuite de pluſieurs Montagnes qui forment toutes enſemble à-peu-près la figure d'une Harpe, dont la face ſupérieure eſt au Nord, & dont la pointe ſe termine vers le Midi auprès de Ceſarée en Paleſtine. La face ſupérieure du Mont-Carmel regarde le Golfe d'Acre ; elle eſt à 120. Stades au Sud de Ptolémaïs, ſelon Joſephe Liv. 2. *de Bello C.* 17. & elle a environ trois lieues de long depuis l'angle Oriental, juſqu'à l'angle Occidental qui avance dans la Mer Méditerranée. Les deux autres faces qui vont ſe terminer en angle du côté du midi vers Ceſarée, ont chacune environ ſix lieues de long: ce qui donne à cette continuité de montagnes qui forment le Carmel environ quinze lieues ou 45 milles de circuit. Les Montagnes qui regardent le Septentrion ſont beaucoup plus hautes que celles des deux autres côtés qui ne ſont guère plus élevées que les collines & les côteaux de terre labourable qu'elles enferment, & à qui elles ſervent comme de remparts & de murailles. Toutes les collines qui occupent le dedans du Carmel étoient autrefois cultivées en terres labourables, en vignes, en oliviers & en autres arbres utiles, & le ſont encore aujourd'hui auprès de quelques Villages que l'on y trouve. Les vallons que forment ces Collines ſont agréables & fertiles. Ils ſont abondans en bons pâturages, & arroſés de petits ruiſſeaux d'eau vive. Les terres de ces Collines agréables ſont retenues par les pierres des Montagnes, qui leur ſervent comme de murs & de bordures : ces bordures ſont couvertes d'une forêt continuelle d'arbriſſeaux & de brouſſailles, qui les couvrent de verdure durant toute l'année, & lui donnent un aſpect charmant. Au Nord du Carmel eſt la plaine de Ptolémaïs, traverſée dans la partie Méridionale par le Torrent de Ciſſon. On voit à l'Orient du même Carmel la grande & belle plaine d'Eſdrelon d'environ cinq Lieues de diametre, & quinze Lieues de tour. Le Torrent de Ciſſon ſerpente auſſi au travers de cette plaine fertile. Au Midi du Carmel sont deux autres belles plaines dont l'une s'étend au S. E. jusqu'aux Montagnes de Sebaste, autrement Samarie ; & l'autre s'étend au S. O. vers Césarée de Palestine. Enfin au bas du Carmel à l'Occident est une autre grande plaine ou vallée, entre cette Montagne & la Mer Méditerranée.

Que le Lecteur jette à présent les yeux sur la Carte de mon frere. Il y verra aussi-tôt le Carmel représenté sous la figure d'une Harpe, & autour les Vallées, les plaines & les autres Lieux dont on vient de parler. Puis s'arrêtant à l'examen de cette Chaîne de Montagnes, il trouvera sur l'angle Oriental Jechonam, ville dont il est parlé dans Josué, XIX. 11. Cette Ville avoit un Roi quand Josué la pris ; *ibid XII.* 22. c'est pourquoi elle est représentée avec une Couronne. Sur le même angle Oriental au Sud de Jechonam, il trouvera *Sarid*, dont il est fait mention dans Josué XIX. 10. & plus bas vers le milieu & un peu au-dessus de la pointe de l'angle Méridional, il verra *En-Hadda* mentionnée dans Josué XIX. 21. le nom Hébreu de cetre derniere Ville fait connoître qu'elle étoit située près d'une fontaine; & M. De l'Isle n'a pas oublié cette fontaine dans sa Carte. Allant ensuite au côté Septentrional qui étoit & qui est encore le plus peuplé, le Lecteur trouvera d'abord l'angle qui avance dans la Mer, & que l'on nomme le Cap Carmel, *Promontorium Carmeli.* Sur ce Cap au Nord est le *Carmelum* de Pline. Ce lieu est nommé Ecbatane dans Herodote l. 3. c. 64. Ce fut là, selon cet ancien Historien, que mourut Cambyse fils & successeur de Cyrus, après son expédition en Egypte. Cet endroit est entierement ruiné, & ce n'est plus qu'une habitation de quelques Pêcheurs, à laquelle on donne le nom de *Caïffa.* Tous ces détails sont marqués dans la Carte. Auprès de Caïffa à l'Orient étoit *Sycaminum*, ou *Sycaminus* sur la Mer. Pline l. 5. c. 19. & Strabon Liv. 16. en font mention, & l'Itinéraire d'Antonin la met à 24. milles au sud de Ptolémaïs, & à 20 milles au nord de Cesarée. A l'Orient de *Sycaminum*, on trouvoit *Merala* près de la Mer, Josué XIX. 11. puis *Sihor* aussi à l'Orient, Josué XIX. 26. & au Sud de *Sihor*, étoit *Labanath*, Josué XIX. 26. L'Hébreu imprimé ne fait de ces deux dernieres Villes qu'un ſeul Lieu ; mais il paroît par les Septantes, par la Vulgate & par les autres anciennes Verſions, que c'eſt une faute de copiſte dans le texte Hébreu imprimé, & que M. De l'Iſle a eu raiſon de les diſtinguer. Enfin au Sud-Eſt de *Labanath*, & vers le milieu de la courbure de la face Septentrionale du Carmel, on trouvoit *Debbaſeth*, dont il eſt parlé dans Joſué XIX. 11. La Carte fait encore obſerver que tout le Carmel étoit dans la baſſe Galilée, & que ſa partie Septentrionale appartenoit à la Tribu de Zabulon; mais que ſa partie Méridionale, à commencer un peu au-deſſous de Sarid, étoit de la Tribu d'Iſſachar.

Telle eſt la deſcription & la Topographie du Carmel dans la Carte que l'on publie. On ſera peut-être ſurpris de voir tant de Villes ſur le Carmel; mais la ſurpriſe ceſſe, quand on fait attention qu'il a quinze Lieues de tour, qu'il eſt très-fertile, & que ſa ſituation auprès de la Mer Méditerrannée contribuoit à la ſubſiſtance de ſes habitans. D'ailleurs la plupart n'étoient que des petites Villes. Πολίχνια, comme s'exprime Strabon Liv. 16. Cette deſcription du Carmel eſt appuyée ſur la Rélation d'un Voyageur qui l'avoit parcouru, & que l'on trouve dans les Recueils de mon frere. Au reſte la Carte le nomme *Carmelum Maris*, pour le diſtinguer de l'autre *Carmel*, qui eſt dans la Tribu de Juda, & vis-à-vis du milieu de la Mer Morte à l'Occident. Ce ſecond Carmel n'eſt pas repréſenté avec moins d'éxactitude par mon frere que le premier, & il me ſeroit aiſé de le faire voir; mais ce que j'ai dit juſqu'ici ſuffit pour convaincre tout Lecteur judicieux avec quel ſoin cette Carte a été dreſſée. Après un long examen, je n'y ai trouvé qu'un ſeul changement à faire, à l'égard de *Rabbath Moab*, autrement *Ar* ou *Areopolis*, capitale des Moabites, que j'ai miſe près de l'Arnon, au lieu que mon frere l'avoit placée ſur le Torrent de *Zared*, à l'extrémité du chemin qui venoit de *Madian*, & qui eſt marqué dans la Carte. A l'exception de ce changement qui m'a paru néceſſaire, parce que Moyſe, Num. XXI. 14. 15. Joſué XIII. 25. ſaint Jerôme au mot *Madian*, &c. mettent expreſſément cette Ville ſur l'Arnon, je me ſuis fait un devoir de publier cette Carte telle qu'elle eſt ſortie des mains de de mon frere. J'y ai ajouté une graduation qui y manquoit: mais dans cette partie même, mon frere a été mon seul guide. Dans sa derniere Carte pour l'Histoire de Malte, il a établi la Latitude de Suez précisément de 31 dégrés 30 min. & celle de Damas & de Sidon de 33 dégrés 30 min. Cette Latitude de Damas se trouve confirmée par le Géographe Turc, & même par quelques Lettres écrites de Damas même à mon frere, & autres Monumens que j'ai trouvés dans ses Recueils. Je suis parti de ces deux déterminations pour la graduation de la Latitude. Pour ce qui regarde les dégrés de Longitude, je les ai proportionnés selon la régle générale au Cosinus de la Latitude : j'ai supposé la Longitude de Jerusalem de 53 dégré 15 min. Et vû le peu d'étendue de la Carte, qui ne renferme que deux dégrés environ de Latitude, j'ai cru pouvoir faire les Méridiens paralleles. Il ne me reste plus qu'à donner ici la Liste de tous les Ouvrages, Mémoires & Relations dont mon frere s'est servi dans la composition de sa Carte. Il avoit fait des Extraits des Principaux. Je les ai trouvés dans ses papiers. Je les ai rangés & renfermés dans deux Porte-feuilles *in*-4°. qui sont au Dépôt des Plans, Cartes & Journaux de la Marine, sous les N°s. III. & IV. On peut y avoir recours pour vérifier la Carte avec les Mémoires dont il s'est servi.

Ces deux Volumes d'Extraits sur la Terre-Sainte ne sont qu'une petite partie d'un pareil travail qu'il avoit fait sur la Géographie, tant ancienne que moderne, de toute la Terre. J'ai aussi arrangé tous ces Extraits en plus de vingt Porte-feuilles qui se conservent au même Dépôt. J'y ai joint les nouveaux Mémoires que j'ai rassemblés sur la Russie & sur les Etats voisins, tant pendant le long séjour que j'y ai fait, que depuis mon retour à Paris. Je me dispose à en publier le Catologue pour l'utilité publique. J'y joindrai la Liste des Cartes Manuscrites dessinées de sa main, que j'ai trouvées de même dans ses Papiers, & qui n'ont point encore été publiées, afin que l'on puisse choisir celle que l'on jugera à propos de Publier. Elles sont rangées dans plus de vingt Porte-feuilles *in-folio* numerotés, & se conservent au même Dépôt. Je ne donnerai ici la Liste que du dixieme Porte-feuille, qui comprend les Cartes de la Terre-Sainte & des Pays Voisins.

CATALOGUE
DES EXTRAITS
D'HISTORIENS ET GÉOGRAPHES

Qui ont écrit sur la Géographie de la Terre-Sainte, dont s'est servi M. De l'Isle dans la construction de sa Carte, tiré du depôt des Plans & Cartes de la Marine, Porte-feuilles, in-4°. N°s. III. & IV.

SYRIE ET TERRE-SAINTE.

RECUEIL PREMIER, N°. III.

Onze Pièces principales.

1. LIVRES & Cartes qu'il faut consulter pour faire une Terre-Sainte. Nombre & détail des Cartes que l'on pourroit faire pour faire la Terre-Sainte. Six pièces.
2. Extraits Géographiques des Livres de l'Ecriture-Sainte. 25. Cahiers.
   Passage des Nombres, traduit de l'Hébreu par le Pere Le Quien.
   Extrait du discours qui est à la tête de la Polyglotte de Walton. 1657. Quatre pièces.
3. Extrait Géographique de Josephe, de la Guerre des Juifs : & de sa vie. Deux pièces.
4. Extrait de saint Jerôme, *De locis Hebraïcis.*
   Excerpta alia ex eodem Hieronymo, *quæ ad rem Geographicam pertinent.*

5. Description de la Terre-Sainte, selon la Bible & saint Jérôme. Par Martin Brionne, Parisien. Imprimé en 1540.
6. Extrait de la Description de la Terre-Sainte par Brochard, Moine Allemand; avec l'Extrait de l'Itinéraire de Barthelemi De Saligniac, imprimé en 1587.
   Itinerarium à Burdigala Hierusalem, & ab Heraclea per Aulonam & per Romam Mediolanum usque. Deux pièces.
7. Extrait de la Relation de la Terre-Sainte par le Pere Huen, Carme.
8. *Excerpta ex Leonis Allatii Opusculis : scilicet, ejusdem Allatii.*
   Excerpta ex Tractatu Eugesippi anno 1040. *de distantiis locorum Terræ-Sanctæ.*
   Excerpta ex Itinerario Terræ-Sanctæ à Villebrando ab Oldenborg.
   Ex Descriptione Terræ-Sanctæ à Phoca.
   Ex Enarratione Syriæ ab Epiphanio, Monacho.
   Ex Tractatu de locis Hierosolymitanis ab Anonymo.
6. Extrait de l'Histoire de Jerusalem, intitulé : *Gesta Dei per Francos.* Imprimée en 1611.
10. Description de la Terre de Chanaan depuis ses premiers habitans jusqu'à sa désolation.
11. Observations & Remarques détachées sur la Syrie ou Terre-Sainte. Neuf pièces numérotées.

SYRIE ET TERRE-SAINTE.

RECUEIL II. N°. IV.

Trente-six Pièces Principales.

1. EXTRAIT d'un Manuscrit intitulé : Description générale & sommaire du Mont-Carmel.
2. Extrait du Voyage d'Outre-Mer à Jerusalem & au Mont

Sinaï, par Bernard de Breydenbach, en 1483. imprimé en 1489.

3. Extrait de la deuxieme Partie de Purchas, pag. 1410. des deux Voyages de M. John Newberie, en Terre-Sainte, Baſſora, Ormus, Perſe, &c. en 1580.

4. Extrait du Voyage d'Outre-Mer à la Terre-Sainte & au Mont Sinaï, par Giraudet. 1583.

Extrait du Saint Voyage de Jeruſalem & du Mont Sinaï en 1600. par Henri Caſtela.

Extrait du Voyage de Jeruſalem en 1586. Par Zuallardo.

5. Extrait du Voyage de Jeruſalem de Dom Aquilante Rochetta en 1598. Traduit de l'Italien.

6. Extrait de la premiere Partie des Voyages de M. De Breves 1605.

7. Extrait du Bouquet ſacré du Pere Boucher, en 1610.

Extrait des Voyages de Monconys, en 1646, 1647, & 1648.

Extrait de l'Hiſtoire d'Aléxandrie, par Vanſleb, en 1672, 1673.

Extrait des Navigations de Nicolas *Nicolaï*, en 1551. deux Cahiers aſſemblés.

8. Extrait d'un Voyage anonyme, intitulé : Le Pelerin véritable de la Terre-Sainte, en 1612.

9. Extrait des Voyages de Pietro Della Valle, en 1614. deux Cahiers aſſemblés.

10. Extrait de l'Itinéraire de Jéruſalem & de Syrie, par Jean Cotovic d'Utrecht, en 1618.

11. Extrait de la Relation du Voyage de Jeruſalem, par Raimond Ribes en 1621.

Extrait de la Terre-Sainte ou Paleſtine de l'Hiſtoire de Heidman, 1655.

12. Extrait du Voyage de Perſe du Pere Pacifique de Provins, en 1622.

Extrait d'une Relation nouvelle, & très-fidelle du Voyage de la Terre-Sainte, par le Pere Felix Beaugrand, en 1700.

13. Extrait du Voyage d'Orient du Pere Philippe, en 1626.
Extrait de la Syrie Sainte du Pere Besson, Jésuite.

14. Extrait du Voyage d'Italie & du Levant, des Sieurs Fermanel, &c. en 1630. Deux Cahiers assemblés.

15. Titres & argumens des Chapitres du Voyage de Rauwolf, publié en Allemand en 1638.
Extrait du Voyage de Rauwalf, d'Alep à Ana sur l'Euphrate. Deux Cahiers assemblés.

16. Extrait du Livre intitulé, *Elucidatio Terræ Sanctæ*, par le Pere Quaresmites, en 1639.

17. Extrait du Voyage de la Terre-Sainte de J. Doubdan, en 1651.

18. Extrait de la seconde partie des Voyages, de M. Thevenot, ou du Voyage du Levant, en 1663.
Extrait du Voyage du Caire à la Méque, tiré de M. Thevenot, pag. 286. Deux pièces.

19. Extrait de l'Histoire & Voyage de la Terre-Sainte, par le Pere Jacques Goujon, en 1672.

20. Extrait d'un nouveau Voyage de la Terre-Sainte, par le Pere Nau, Jésuite, en 1679.
Extrait du Voyage de Galilée. Deux Cahiers assemblés.

21. Extrait du Voyage de Gabriël Brémond en Egypte, au Mont Sinaï, à Jerusalem, &c. Traduit de François en Italien. A Rome, en 1679.
Extrait de la Relation d'un Voyage de la Terre-Sainte, par feu l'Abbé de la Vergne, en 1688.

22. Extrait d'un Voyage au Levant, par Corneille De Bruyn, ou Le Brun, en 1681.

23. Extrait du Voyage fait au Mont Sinaï & à Jerusalem en 1697. par M. Morison. Deux pièces.

24. Mémoires & Lettres du Pere Chérubin de Morlaix, Missionnaire Capucin en Syrie, depuis 1704. jusqu'en 1715. Dix pièces.

25. Mémoires & Lettres du Pere Elie-Hyacinthe de Sainte Marie, Carme Déchaussé, Missionnaire en Syrie en 1707. Deux pièces.

26. Extrait des Mémoires du Voyage de M. De l'Isle, 1709.

27. Lettres d'un Religieux (Cordelier) au Pere Carnelin Cordelier, pour le Pere Buffelin. Syrie, 1711.
Lettre du Pere Buffelin à Guill. De l'Isle, huit Novembre 1711. Deux pièces.

28. Mémoire pour Paul Lucas, 20. Mai, 1714.
Extrait du Voyage de Paul Lucas.
Route de Paul Lucas, de Constantinople à Salonique. Trois pièces.

29. Extrait d'une Lettre écrite au Pere Verzeau, Supérieur des Missions de la Compagnie de Jésus en Syrie.

30. Route d'Alep à Seyde, par M. l'Abbé Carré.
Extrait de Conrad de Plaisance, Chanoine Régulier de la Congrégation de Saint Jean de Latran. Terre-Sainte.
Ex Dissertatione undecima Norisii. Syria, tiré des Cahiers de M. De Longuerue. Trois pièces.

31. Extrait d'un Voyage de Venise au Saint Sépulcre, imprimé en Italien.

32. Description de la Syrie par Abulféda.

33. Des Pays qui sont au Midi de la Terre-Sainte & de l'extrémité de la Mer Rouge. Sept Cahiers.

34. Légere Description d'un endroit proche de l'Anti-Liban, nommé Solyma.

35. Critique de la Carte de la Terre-Sainte de M. Nolin.

36. Remarques & Observations détachées sur la Syrie, &c. Sept pièces.

CARTES MANUSCRITES.

PORTE-FEUILLE, N°. X.

A S I E.

ASIE. Asie Mineure. Terre-Sainte. Syrie.

A S I E.

1. ASIE Générale.
2. Asie Générale plus détaillée.

Asie Mineure.

3. Asie Mineure, tirée de la Table Théodosienne. Demi-feuille.
4. Asie Mineure, tirée de l'Arabe de Nubie. Demi-feuille.
5. Asie Mineure, suivant la Table de Peutinger & l'Itinéraire d'Antonin. Demi-feuille.
6. Asie Mineure, ancienne. Une feuille.
7. Asie Mineure, plus détaillée. Une feuille.
8. Asie Mineure, & partie d'Asie. Une feuille.
9. Asie Mineure. Demi-feuille.
10. Asie Mineure, Arabie & Perse. Une feuille.
11. Asie Mineure, Arabie, &c. *in*-4°. Par Guill. De l'Isle, pour la Retraite des dix mille.
12. Géorgie & environs, par Villamage le fils. Deux feuilles assemblées.
13. Colchide, Ibérie, Albanie. *in*-8°.
14. Amasie & Syrie. Demi-feuille.
15. Côtes Méridionales de la Mer Noire, &c. Une feuille.

Terre-Sainte.

16. Paradis Terrestre. Une feuille.

17. Paradis Terrestre, par Guillaume De l'Isle. 1724. Demi-feuille.
18. Terre-Sainte, tirée de la Genèse. Demi-feuille.
19. Terre-Sainte, tirée de Josephe. Demi-feuille.
20. Terre-Sainte, tirée de Saint Jérôme. Demi-feuille.
21. Terre-Sainte, tirée d'Eugene Roger, Récollet. Demi-feuille.
22. Partie Septentrionale, de la Terre-Sainte, tirée du même. Demi-feuille.
23. Partie Méridionale, tirée du même. Demi-feuille.
24. Terre-Sainte. Une feuille.
25. Terre-Sainte, partie Méridionale. Une feuille.
26. Terre-Sainte, enluminée. Une feuille.
27. Terre-Sainte. Copie de l'Anglois. Plusieurs feuilles assemblées.
28. Terre-Sainte, au crayon. Une feuille.
29. Conjectures sur quelques lieux de la Terre-Sainte. Demi-feuille.
30. *Terra-Sancta, in Tribus divisa.* Une feuille.
31. Terre-Sainte par Tribus, tirée de Sanut. Demi-feuille.
32. Terre-Sainte par Tribus, Une feuille.
33. Terre-Sainte par Tribus. Une demi-feuille.
34. Terre-Sainte par Tribus. Premiere esquisse. Une feuille.
35. Terre-Sainte par Tribus, & partie de l'Arabie au net. Une demi-feuille
36. Terre-Sainte par Tribus & partie de l'Arabie au net. Une feuille.
37. Terre-Sainte par Tribus, & partie de l'Arabie. Une feuille.
38. Terre-Sainte par Tribus & partie de l'Arabie sur un plus grand pied, au net. Feuille & demie.
39. Tribu de Ruben.
40. Tribu de Gad. Demi-feuille.
41. Tribu de Nephthali. *in*-8°.
42. Tribus de Dan, Juda, Siméon, &c.
43. Tribus de Zabulon, Issachar, Manassé, Ephraïm, Benjamin. *in*-8°.

44.

44. Tribus de Benjamin, Juda, Dan, & Siméon. *in*-8°.
45. Demi-Tribu de Manassé. *in*-8°.
46. Idumée. Demi-feuille.
47. Idumée. *in*-4°.
48. Idumée, Jerusalem & environs. *in*-4°.
49. Diverses positions de Jerusalem. *in*-4°.
50. Montagne de Sion, au crayon. Demi-feuille.
51. Mont-Carmel, tiré du Pere Philippe, Carme. Demi-feuille.
52. Mont-Carmel, selon Doubdan, Goujon, Brémond; Monconys. *in*-4°.
53. Mont-Carmel. *in*-4°.
54. Mont-Liban, tiré de Sanut. Demi-feuille.
55. Mont-Liban. *in*-8°.
56. Montagne de Sinaï, tirée des Cartes de Mortier. Une feuille.
57. Mont-Sinaï. *in*-32.
58. Mont-Tabor & environs, tirés de Fra Raymond Ribes. *in*-4°.
59. Cours du Jourdain, au crayon: orienté. Demi-feuille.
60. Cours du Jourdain. Demi-feuille.
61. Diverses positions de la Terre-Sainte, orientées. Demi-feuille.
62. *Judæa & totius Terræ Israëlis nova descriptio.* in-4°.
63. Villes Lévitiques données aux Lévites, & Villes de refuge. *in*-8°.
64. Rois de la Terre de Chanaan, & quelques positions. *in*-8°.

Syrie.

65. *Syria vetus.* Demi-feuille.
66. *Syria, Caramania, & insula Cyprus.* Une feuille, papier huilé.
67. *Phœnicia & Palestina.* in-8°.
68. *Phœnicia Cœle Syria.* in-4°.
69. *Cœle Syria.* in-4°.

70. Syrie Ancienne, tirée de Strabon. Demi-feuille.
71. Syrie Ancienne, tirée de Pline. Demi-feuille.
72. Autre partie de la même, tirée du même. Demi-feuille.
73 Syrie Ancienne, tirée de l'Itinéraire d'Antonin. Demi-feuille.
74. Syrie Ancienne, tirée de la Table de Peutinger. Demi-feuille.
75. Syrie Ancienne, tirée de l'Epitaphe de ſainte Paule. Demi-feuille.
76. Syrie Ancienne, tirée de l'Arabe de Nubie. Demi-feuille.
77. Syrie ſans poſitions. *in*-4°.
78. Syrie graduée. Une feuille.
79. Syrie graduée, ſur un plus grand point. Une feuille.
80. Syrie, & partie d'Arabie. Demi-feuille.
81. Syrie au net, par Guillaume De l'Iſle. Une feuille.
82. Côtes de Syrie. *in*-4°.
83. Côtes de Syrie. *in*-4°.
84. Côtes de Syrie, tirées de Sanut. Demi-feuille.
85. Côtes de Syrie. *in*-4°.
86. Côtes de Syrie. Demi-feuille.
87. Côte de Seyde, par Plantier. Demi-feuille oblongue.
88. Côtes de Syrie, du côté de Gouayr. Demi-feuille oblongue.
89. Plaine d'Antioche. *in*-4°.
90. Sidon, &c. *in*-8°.
91. Environs de Tortoſe & de Tripoli de Syrie. Petit *in*-4°.
92. Seleucie, &c. au crayon. *in*-8°.
93. Pays de Bahon. Petit *in*-4°.
94. Pluſieurs petits Pays. *in*-8°.
95. Plan de la Ville de Caife, avec les ſondes, communiqué par M. d'Héricourt. Demi-feuille, papier ſerpente.
96. Route de Paris à Jeruſalem. Grand *in*-4°.
97. Route d'Alep à Cteifa. Une feuille.
98. Route d'Aléxandrie à Tripoli de Syrie, tirée de l'Itinéraire du Chevalier Furer. Grand *in*-4°.

99. Routes tirées du Voyage de Deshaies, & de l'Itinéraire d'Antonin. Grand *in*-4°.

100. Routes tirées du Voyage de Pietro della Valle. Grand *in*-4°.

101. Routes tirées de la Description de la Terre-Sainte de Brocchardo. Grand *in*-4°.

102. Route d'Accon, tirée du même. Grand *in*-4°.

103. Route de Genin à Jerusalem, par Morison. *in*-4°.

104. Route d'Alep à Tadmor en 1674, & 1691. par M. De Nointel. *in*-4°.

105. Route d'Alep à Jerusalem par Maundrell en 1697, & celle du Pere Chérubin de Morlaix à Jerusalem en 1700. Grand *in*-4°.

106. Route de la Galilée. Grand *in*-4°.

107. Route de Paris à Jerusalem, par le Pere Huern. Grand *in*-4°.

108. Route de Jerusalem à Damas, par Cotovic. Grand *in*-4°.

109. Route du même à Jerusalem & à Bethléem. Grand *in*-4°.

110. Route d'Aléxandrie à Damas, &c. par le Pere Besson. Grand *in*-4°.

111. Diverses Routes à Jerusalem. *in*-4°.

112. Autres Routes de divers Auteurs, tels que Cotovic, Aquilante, Monconys & autres. Petit *in*-4°.

113. Autres de divers Auteurs, Thevenot, Des Hayes, Bruyn, &c. *in*-8°.

114. Autres de divers Auteurs, tirées de Thevenot. *in*-8°.

115. Autres données par Thevenot. Grand *in*-4°.

116. Fin de l'Itinéraire de Bourdeaux à Jerusalem, fait l'an 333. de Jesus-Christ. *in*-4°. oblongue.

117. Route à Jerusalem, au crayon. Une feuille.

APPROBATIONS.

NOUS soussignés Lecteurs & Professeurs Royaux en Langue Hébraïque, Commissaires désignés pour l'examen d'une Carte de l'ancienne Palestine ou Terre-Sainte, & du Mémoire qui l'accompagne, présentés à la Compagnie par M. De l'Isle Professeur d'Astronomie, certifions n'y avoir rien trouvé qui ne répondît parfaitement à la réputation que Messieurs De l'Isle se sont si justement acquise dans la Géographie ; & nous les croyons très-dignes de l'impression. A Paris ce 31 Mai 1763.

G. VILLEFROY. GARNIER.

En conséquence du Certificat d'approbation ci-dessus, donné par MM. Villefroy & Garnier, par nous nommés pour l'examen de ladite Carte de l'ancienne Palestine, ou Terre-Sainte, & du Mémoire qui l'accompagne ; comme Doyen de MM. les Professeurs Royaux, j'ai cédé à M. De l'Isle, au nom de la Compagnie, son Privilége, pour l'impression dudit Mémoire & de ladite Carte, de laquelle cession il sera fait Acte sur les Régistres de la Compagnie dans la premiere Assembléé de MM. les Professeurs Royaux. A Paris le 3 Juin 1763.

LE MERRE.

PRIVILEGE DU ROI.

LOUIS, par la grace de Dieu, Roi de France & de Navarre : SALUT. Nos amés les Lecteurs & Professeurs de notre Collége Royal, Nous ont fait exposer qu'ils avoient besoin de nos Lettres de Privilége pour pouvoir faire imprimer leurs Ouvrages. A CES CAUSES, & voulant favorablement traiter les Exposans, Nous leur avons permis & permettons par ces Présentes, de faire imprimer par tel Imprimeur qu'ils voudront choisir, les Leçons du Collége Royal, & les Ouvrages que l'Assemblée des Lecteurs & Professeurs voudra faire imprimer en son nom, en tels volumes, forme, marge, caractères, conjointement, ou séparément, & autant de fois que bon leur semblera ; & de les faire vendre & débiter par tout notre Royaume, pendant le tems de quinze années consécutives, à compter du jour de la date des Présentes ; sans toutefois qu'à l'occasion des Livres ci-dessus spécifiés, il puisse en être imprimé d'autres qui ne soient pas desdits Exposans, &c. Commandons....... CAR tel est notre plaisir. DONNE' à Versailles le premier jour du mois de Mai, l'an de grace 1754, & de notre Régne le trente-uniéme. Par le Roi en son Conseil.

Signé. PERRIN.

Registré sur le Registre XIII. de la Chambre Royale des Libraires & Imprimeurs de Paris, N°. 283. fol. 303. conformément au Réglement de 1723. qui fait défense, art. 4. à toutes personnes, de quelque qualité qu'elles soient, autres que les Libraires & Imprimeurs, de vendre, débiter & faire afficher aucuns Livres pour les vendre en leurs noms, soit qu'ils s'en disent les Auteurs, ou autrement, & à la charge de fournir à la susdite Chambre neuf exemplaires de chacun, prescrits par l'art. 108. du même Réglement. A Paris, le 16. Juin 1754.

DIDOT, *Syndic.*

De l'Imprimerie de la Veuve DELATOUR, rue de la Harpe. 1763.

www.ingramcontent.com/pod-product-compliance
Lightning Source LLC
LaVergne TN
LVHW020256230826
846091LV00006B/2444

9782011908117